Árabe ou arábico?

Sérgio Bath

Árabe ou arábico?

Alguns registros de divergência e convergência léxica

Série
Prometeu

Edições Humanidades

Imprensa Oficial

Direitos exclusivos para esta edição:

Editora Universidade de Brasília
SCS Q. 02 Bloco C Nº 78
Ed. OK 2º andar
70300-50 Brasília DF
Tel.: (0xx61) 226-6874
Fax: (0xx61) 225-5611
editora@unb.br

Imprensa Oficial do Estado
Rua da Mooca, 1921
03103-902 – São Paulo, SP
Tel: (0xx11) 6099-9446
Fax: (0xx11) 6692-3503
imprensaoficial@imprensaoficial.com.b
SAC 0800-123401

Equipe editorial: Airton Lugarinho (Supervisão editorial); Fatima Rejane de Meneses (Acompanhamento editorial); Gilvam Joaquim Cosmo (Preparação de originais); Gilvam Joaquim Cosmo e Wilma Gonçalves Rosas Saltarelli (Revisão); Eugênio Felix Braga (Editoração eletrônica); Paulo Andrade (Capa).

Ficha catalográfica elaborada pela
Biblioteca Central da Universidade de Brasília

Bath, Sérgio.
B331 Árabe ou arábico? Alguns registros de divergência e convergência léxica / Sérgio Bath. – Brasília : Editora Universidade de Brasília : São Paulo : Imprensa Oficial do Estado, 2000.
60 p. – (Série Prometeu.)
ISBN: 85-230-0556-0
Edições Humanidades
1. Divergência léxica – língua portuguesa. 2. Convergência léxica – língua portuguesa. I. Título. II. Série

CDU 806.90-3

Apresentação

Esta é uma pequena coleção exemplificativa e comentada de palavras peculiares da língua portuguesa que precisamos conhecer para evitar armadilhas: vocábulos com formas divergentes e palavras convergentes. Ou seja: termos que se desdobram em variantes e palavras distintas pela origem que se aproximam na forma.

No primeiro caso, encontramos *descarrilar* e *descarrilhar*; no segundo, *comprimento* e *cumprimento*. Processos opostos levam ao mesmo tipo de confusão, que se pretende evitar.

Suplementam estas indicações alguns casos de palavras empregadas com ambigüidade, como *América*, *crioulo* e *índio*.

* * *

Prefácio

Data de tempos imemoriais o fascínio que as palavras podem exercer sobre a mente humana, até mesmo de pessoas não particularmente imaginosas ou introspectivas. É comum verificarmos, em sociedades primitivas, que o exercício dos poderes mais elevados esteve normalmente associado ao comando de palavras mágicas, propiciatórias ou estigmatizantes, assim como ao conhecimento de tabus interditórios.

A semântica nos permite acompanhar a evolução, nem sempre tranqüila ou previsível, quando não tumultuada, do sentido de certos vocábulos. Qualquer língua se encontra, num dado momento, em estado de equilíbrio que resulta do embate entre posições conservadoras – a inércia ou o conformismo, o poder reverencial da palavra herdada – e forças literalmente revolucionárias, como a lei do menor esforço, a tendência a criar analogias ou neologismos.

Pense-se, por exemplo, no esquecimento do sentido original de algumas palavras, ou da raiz que a representa, fenômeno que nos leva a empregar com a maior naturalidade expressões que soariam ininteligíveis a um ouvinte porventura desconhecedor da sua evolução semântica. É o que ocorre quando alguém fala em "cavalgar" um burro, em vez de montá-lo; ou quando se propõe a "embarcar" num trem ou avião, meios de transporte que nada têm de aquático. Desejando referir-se a uma infusão de jasmim ou laranja, qualquer pessoa dirá um "chá", por se haver deixado de associar a palavra a uma determinada erva originária da Ásia. Felizmente, todos esquecemos que os velhos gramáticos davam a este "pecado" o horroroso nome de *catacrese*.

Igualmente interessante é o destino de certos termos que podem ter seu sentido "favorecido" ou "prejudicado" no correr dessa evolução secular. Estão no primeiro caso, entre muitas outras, as palavras *marechal* e *ministro*, que designavam originalmente funções bem modestas, antes de atingir a preeminência atual. Quem iria imaginar que *prestígio* tem sua origem numa palavra latina que significava nada menos que "prestidigitação", "artimanha"? Por sua vez, *êxito*, *fortuna*, *sorte* e *sucesso* eram de início palavras perfeitamente neutras, uma vez que aceitavam conotação positiva ou negativa. Dá-se o inverso em *catástrofe*, que no teatro grego constituía uma pacífica reversão de expectativas, uma reviravolta, antes de transformar-se em "hecatombe" – palavra, aliás, que é outro exemplo de desvio do sentido original.

Termino com Rafael Bluteau, importante lexicógrafo (e também teólogo) português do século XVIII que, ao tratar do adjetivo *obsceno*, nos dá, com a maior seriedade, este magnífico exemplo do saber etimológico da época, que reproduzo na grafia original:

Em author portuguez tenho achado obsceno, por ventura, como derivado de coenus, no grego koinos, que val o mesmo que sujo; mas segundo os mais doutos Orthographos Latinos, derivase obscenus de scena, que era o theatro das antigas Comedias dos Romanos, e obscenus queria dizer, cousa torpe, que só na scena, ou theatro era licito dizer ... (Prosa Grammatonomica Portuguesa, Lisboa, 1729, p. 211).

OSWALDO BIATO

* * *

A

ABAJUR – Assim registra o Aurélio esse francesismo, que substitui o nosso *quebra-luz*. Segundo Carlos Góis, Garrett tentou vernaculizá-lo como *abajúrdio*. Encontra-se também, embora raramente, *sombreira*, *bandeira*, *pantalha*, *abaju*, *alparluz* (no português antigo), *quebra-luz, abaixa-luz*.

ABANTESMA, AVANTESMA, FANTASMA – As três palavras têm a mesma origem, o grego *phantasma*, e o mesmo significado. Note-se que *fantasmagoria* é a arte de projetar figuras luminosas na escuridão.

ABISSÍNIO, ABEXIM – Duas formas do gentílico de Abissínia. Como Etiópia é outro nome desse país, *etíope* é o mesmo que *abissínio*.

ABORRECIDO, ABORRIDO – O sentido é o mesmo: *tedioso*, *maçante*. Na linguagem popular, *chato*.

ABSINTO, ABSÍNTIO – Os puristas recomendam *absíntio* em lugar de *absinto*, que reproduz o termo francês *absinthe*, derivado do grego *apsinthios*, que significa “sem doçura”.

Açafate, Açafata – De origem árabe (*assafat*), a palavra designa um pequeno cesto de vime próprio para transportar frutas, lenços, etc. Por extensão, *açafata* era a jovem fidalga que servia como acompanhante de pessoas da família real (levando frutas e pequenos objetos utilitários). Por isso, em Portugal, diz-se *açafata* em lugar de aeromoça.

Acento, Assento – Estas palavras designam respectivamente o acento gráfico e o assento próprio para sentar-se (observe-se a distinção ortográfica). Note-se que o verbo *assentar* significa também *estabelecer*, *decidir*, *firmar*.

Aconchego, Conchego – *Aconchego*, mais comum, é a forma deverbal (originária de um verbo) correspondente a *aconchegar*. Note-se que esse paralelismo é comum em português, podendo as duas variantes ter o mesmo sentido ou sentido especializado: *firmar*, *afirmar*; *baixar*, *abaixar*; *cometer*, *acometer*; *parecer*, *aparecer*; *mirar*, *admirar*; *juntar*, *ajuntar*; *levantar*, *alevantar*; *remediar*, *arremediar*.

Admissão, Admistão – *Admissão* é o ato ou efeito de admitir; *admistão*, o ato de juntar, misturando.

Advocatício, Advocatório – Dois adjetivos relativos à função do advogado.

Afoiteza, Foiteza – A primeira palavra é mais comum, mas a variante *foiteza* está dicionarizada.

Albânia – Designa hoje a República da Albânia (*Shqipëri*), nos Balcãs, mas na Antigüidade o nome foi utilizado para designar região do Cáucaso, cujos habitantes eram chamados pelos gregos de *albanoi*.

Almuadem, Muezim – Os dois termos vêm do árabe *al-muadhan*, e se referem ao oficiante muçulmano que convoca os fiéis para as preces obrigatórias. A segunda forma nos chegou, pelo francês, do turco *müezzin*.

Amargar, Amagar – *Amargar* é tornar amargo, e também sofrer (cf. o clichê "amargar uma derrota"); *amagar* é um regionalismo gaúcho que significa "levar o corpo para a frente, quando a cavalo, a fim de dar impulso ao animal".

Ambrosia, Ambrósia – *Ambrosia* era, para os antigos gregos, o alimento dos deuses; *ambrósia* é a denominação de um gênero de plantas.

América – Tem mais de um sentido: é usado para o continente americano, de modo abrangente (com a variante plural *Américas*), e para os Estados Unidos da América.

Ameríndio – V. Índio.

Amniótico, Âmnico – Segundo a explicação precisa do Aurélio, *âmnio* é a "membrana que se desenvolve em torno do embrião dos vertebrados superiores, formando o saco ou a cavidade amniótica, na qual está contido o líquido amniótico, destinado a conservar úmido o embrião e protegê-lo contra choques e adesão". O adjetivo *amniótico* está hoje consagrado, mas sofreu, em princípio, uma certa resistência dos puristas, que alegavam ser um francesismo, e sugeriam *âmnico*, forma que não está sequer dicionarizada.

Animália, Alimária – Nessas duas formas, a palavra, derivada do latim *animalia*, significa "animal".

Anis, Anísio – A erva *anis*, cujo nome provém do grego *ánison*, é a *Pimpinella anisum*; já foi chamada de *anísio*, que hoje é exclusivamente nome próprio, grafado com inicial maiúscula.

Antártica, Antártida – *Ártico* se refere ao setentrião: "terras árticas" são as que ficam na proximidade do Pólo Norte. Com respeito ao Pólo Sul, temos um nome especial: Antártica ou Antártida, formado por *anti* (*vide* adiante) e *ártico* (derivado do grego *arkos*, "ursa", referência à constelação que marca o Norte astronômico). A formação Antártida, que parece inspirada em "Atlântida", é mais recente, mas tem sido usada preferencial e oficialmente.

Ante, Anti – O prefixo *ante*, de origem latina, significa "que precede"; *anti*, de origem grega, quer dizer "contrário". Ex: *antecâmara*, *antimatéria*.

Antônimo, Autônimo – *Autônimo* é o texto assinado pelo autor verdadeiro; trata-se, portanto, do antônimo de *pseudônimo*. Cf. *autônomo*.

Apercepção, Percepção – *Apercepção* é a consciência perceptiva; por assim dizer, a percepção da percepção.

Árabe, Arábico – Chegamos ao título do livro, que sinaliza o seu propósito. A raiz *arab* deu em português *árabe* e *arábico*, esta última, em princípio, um adjetivo ("goma arábica"), hoje indiferentemente nome ou adjetivo.

Aramaico, Arameu – O aramaico era a língua falada na Judéia na época de Jesus. Por alguns séculos, antes e depois, serviu também como a língua diplomática e comercial de todo o Oriente Médio.

Ardido – Particípio passado de *arder*, com o sentido principal de "queimar", é também "corajoso, intrépido", caso em que parece tratar-se de um francesismo (cf. *hardi*). Há uma passagem de Camões (*Lusíadas*, 9, 74) em que o termo *hardido* é usado aparentemente nesta última acepção: "Qual cão de caçador sagaz e hardido".

Arretado, Arreitado – A primeira forma é mais comum. É um regionalismo nordestino, que a televisão tem difundido, e o Aurélio define como "palavra-ônibus que indica numerosas idéias apreciativas, equivalendo a, por exemplo, bonito, elegante, excelente, etc.".

Arteriosclerose, Aterosclerose – *Arteriosclerose* é o processo geral de endurecimento das paredes arteriais; a *aterosclerose* ocorre quando esse processo se dá pela deposição de ateromas (do grego *atheroma*, através do latim, que são placas de substância gordurosa.

Ascensorista, Acessorista – O primeiro é o cabineiro de elevador; o segundo, o membro da equipe de cinema, teatro ou televisão que guarda e fornece acessórios, objetos usados pelos artistas ao representar. Cf. *assessor*, *assessoria*.

Avenca, Avença – São palavras distintas: a primeira deriva do latim *vinca*, é o nome de determinada planta; a segunda vem de *advenentia* e significa "acordo, ajuste entre litigantes". Cf. *desavença*.

Azálea, Azaléia – As duas formas designam o mesmo arbusto do gênero *Rhododendron*. O étimo é o grego *azálea*, "seca".

Azeri, Azerbaijani – Diante do nome "Azerbaijão", do novo Estado independente da Ásia Central, produto do desmembramento da União Soviética, pode haver uma certa perplexidade: qual o adjetivo correspondente? Além da forma *azerbaijani*, pouco castiça, existe *azeri*, mais elegante e preferível. Vale notar que o nome original tem como étimo *azer* ou *ader*, "fogo", possivelmente devido à presença de petróleo superficial.

B

Baço – O adjetivo significa "sem brilho"; o substantivo designa o órgão.

Badameco – Corruptela de *vademecum*, e designava (não se usa mais) pasta para levar papéis e livros.

Basquete, Basket Ball – Como no caso de *foot ball*, não há razão para usar a palavra inglesa. Por que não *basquete?*

Baunilha – O espanholismo *vanilha* (de *vainilla*) vem sendo empregado cada vez mais. O sentido original é o diminutivo de *vagem*.

Bênção, Benção – A forma antiga da palavra é a segunda, hoje arcaica e também de uso popular.

Bexiga, Vesícula – A origem é o vocábulo latino **vesica*, que teria gerado o diminutivo *vesícula*, o adjetivo *vesical* (relativo à bexiga) e o verbo *vesicar* (criar bexigas).

Bicicleta – Uma curiosidade: para substituir este francesismo, já perfeitamente incorporado à língua, houve quem sugerisse *diciclo*. Imagine-se ir a um jogo de *balípodo* (q. v.) usando um *diciclo*...

Biscoito, Biscouto – A segunda forma, antiquada, é muito menos usada; a origem de ambas é o latim *bis coctu*, "cozido duas vezes". Note-se que a divergência oi-ou é comum em português: *oiro*, *ouro*; *coisa*, *cousa*; *coiro*, *couro*; *coice*, *couce*.

Boceta, Buceta – *Boceta* é uma caixinha que pode ser usada para guardar adoçante, rapé, pílulas, etc. A palavra teve o seu uso restrito quando passou a significar também o órgão sexual feminino. Mais recentemente, nota-se uma tendência para grafar com "u" neste último sentido, com que é empregada na linguagem vulgar.

Boina, Bóina – O Aurélio registra a variante *bóina*, pouco comum.

Bolchevique, Bolchevista – O étimo é o russo *bolchevik*, "membro da maioria", de *bolchii*, "maior", e passou a designar tudo o que se relaciona com o partido comunista soviético.

Borda, Bordo – *Borda* é beira, extremidade, fímbria; *bordo* pode ser um sinônimo, mas é também o lado de um navio. *Bôrdo*, com circunflexo, é uma árvore da América do Norte (*Acer saccharinum*), da qual se extrai um açúcar.

Bósnio, Bosniano – Duas formas do gentílico de Bósnia, região da antiga Iugoslávia, hoje autônoma.

Boxe, Box – A palavra *boxe* deveria substituir, em português, o original inglês *box*. Da mesma forma, *boxeador* é preferível a *boxeur*.

BRAGUILHA, BARGUILHA – Por metátese, *braguilha* gerou *barguilha*, e os dois vocábulos convivem com o sentido de “abertura dianteira das calças”. O étimo é *braga*, que significava originalmente “calças”.

C

Cabaço – Pode ser: i) o mesmo que *cabaça*, o fruto da cabaceira, com o qual se faz um vaso, despojando-o do miolo; ii) na linguagem chula, o hímen feminino; por extensão, a virgindade da mulher. Neste caso, o vocábulo deriva do quimbundo *kabasu*.

Caçula – Pode ser: i) o mais moço dos filhos ou dos irmãos (acepção corrente); ii) "movimento alternado que fazem duas pessoas ao pilão, quando socam milho, café, etc." (*apud* Aurélio). Ainda segundo o Aurélio, os étimos respectivos seriam *kusula* e *kasule*, duas palavras do quimbundo.

Caipira, Caipora – *Caipira* é o matuto, o roceiro; a palavra vem do tupi *caa*, "mato". *Caipora* é outra palavra e não uma simples forma divergente. Segundo a lenda indígena, *caapora* era um macaco gigantesco que tinha a peculiaridade de trazer má sorte a quem o encontrava.

Calção, Caução – Palavras absolutamente distintas, quando escritas, mas homófonas quando pronunciadas por um carioca (cujo "l" soa "u").

Caldeu, Caldaico – Duas formas de gentílico da antiga Caldéia, ou Kaldu, usadas também para designar a língua desse país da Antigüidade.

Caraminhola, Carmanhola – *Caraminhola* é "mexerico, intriga" ou ainda "cabelo em desordem". Suspeita-se que possa ser uma variante de *carmanhola*, palavra que corresponde a carmagnole, canção revolucionária francesa de 1793.

Cessão, Secção, Seção, Sessão – *Cessão* é o substantivo correspondente ao verbo "ceder"; *secção* e *seção* são formas alternativas da mesma palavra, que significa "parte, segmento"; *sessão* é a reunião de órgão consultivo ou deliberativo.

Cita – Pode significar "citação" ou um indivíduo do antigo povo cita.

Climático, Climatérico – *Climático* é o adjetivo referente ao clima; *climatérico* diz respeito ao climatério, ou seja, síndrome que antecede a menopausa e a andropausa.

Clímax, Climace – *Climace* é uma variante pouco comum de *clímax*.

Coice, Couce – *Coice* é mais comum. V. Biscoito.

Coisa, Cousa – V. Biscoito.

Colina – Pode ser uma pequena elevação ou morro; e também uma substância presente nos tecidos animais e vegetais.

COMPRIMENTO, CUMPRIMENTO – *Comprimento* é extensão; *cumprimento*, uma saudação, ou o substantivo que designa a ação ou efeito de cumprir.

CONCHEGO, ACONCHEGO – Duas variantes da palavra que significa "agasalho, conforto, amparo". V. ACONCHEGO.

CONCERTO, CONSERTO – *Concerto* musical e *conserto* de uma máquina (do verbo consertar). Há também concento, que significa "consonância".

CÓRNER, ESCANTEIO – Termo de futebol, vem do inglês *corner*, que gerou *córner* (com acento). Corresponde a escanteio, também muito usado.

CORREÇÃO, CORREIÇÃO – *Correção* é a qualidade do que é correto; *correição*, o ato ou efeito de corrigir, e também a atividade do corregedor.

COTA, QUOTA – Recorrendo aos dicionários aprendemos que, além de uma antiga moeda indiana e de "lado oposto ao gume de uma ferramenta", *cota* é parte, quinhão. *Quota* é uma variante admitida e dicionarizada, havendo também quota-parte (e cota-parte). É difícil indicar uma preferência, a não ser que falte a letra "c" ou "q" no teclado... Dir-se-ia que *quota* está mais próxima do latim que a originou, tendo por isso vocação elitista, mas um latinista protesta: "É ilusória, ou meramente gráfica, a maior proximidade entre *quota* e seu étimo latino, visto que o grupo 'qu–' já soava certamente como 'k' no latim popular. Nossa palavra *quota* é apenas mais um empréstimo erudito. Note-se que a evolução de uma língua como a portuguesa envolve sobretudo fatos fonéticos; o desconhecimento desta norma é que leva certas pessoas a pronunciar indevidamente o 'u' em quota, como o 's' em consciência".

Crioulo – Originalmente, era o negro nascido na América, ou qualquer um nascido no novo continente (como o espanhol *criollo*). Hoje significa "negro".

Croático – É uma palavra virtual, o contrário de *acroático*, esta sim dicionarizada ("o que só é compreendido mediante uma explicação"). Não confundir com o gentílico *croata*, de Croácia.

Cunha, Cunho – As duas palavras vêm do latim *cunea*.

D

Danês, Dinamarquês – Gentílico de Dinamarca.

Decano – Pode ser: i) o mais antigo de uma classe; ii) um hidrocarboneto líquido, usado como solvente.

Descarrilar, Descarrilhar – São formas divergentes do mesmo verbo.

Descentralizar, Decentralizar – A primeira forma é a dicionarizada, mas encontramos também a segunda.

Descrição, Discrição – *Descrição* é o substantivo correspondente ao verbo "descrever": "expor", "fazer a descrição de"; *discrição* é a qualidade de quem é discreto. Note-se: discrime é "linha divisória", "ação de discriminar"; discretear, "discorrer com discrição ou discernimento". V. Descriminar.

Descriminar, Discriminar – *Descriminar* é "absolver de crime" ou, mais especificamente, "excluir a criminalidade de um ato" – sentido em que se tem visto também *descriminalizar*, para distinguir de *discriminar*, "diferençar, distinguir".

DESCULPAR, EXCULPAR – O sentido é o mesmo, *exculpar* é menos comum.

DESLIZE, DESLIZAMENTO – O sentido é o mesmo: o ato de deslizar. *Deslize* é usado no sentido figurativo para uma "escorregadela" moral ou intelectual.

DESMISTIFICAR, DESMITIFICAR – *Desmistificar* é desfazer ou desmentir um engano, uma ilusão ou mistificação; *desmitificar* é desfazer um mito.

DESPENSA, DISPENSA – *Despensa* é o depósito de mantimentos; *dispensa*, o nome correspondente a dispensar.

DESPERCEBIDO, DESAPERCEBIDO – *Despercebido* é "não percebido"; *desapercebido*, palavra hoje pouco usada, significa "desprovido, desguarnecido, desprevenido". É comum a confusão entre as duas.

DESTROÇAR, ESTROÇAR – Duas formas do verbo que significa "destruir". Cf. *destrocar*.

DIABETE, DIABETES – A mesma doença metabólica é designada pelas duas palavras, cujo gênero flutua: as duas são empregadas no masculino e no feminino.

DIABO, DIACHO – *Diacho* é uma forma popular que segue o princípio de disfarçar o nome do Demônio (*demo*, *dianho*, *capeta*, *chifrudo*, etc.), permitindo usá-lo em uma exclamação ou praga sem o perigo de invocá-lo ("Diacho, feri o dedo!"). *Vide Território da Danação*, de Mário Souto Maior (Rio de Janeiro, Livraria São José, 1975).

DOAÇÃO, DAÇÃO – *Doação* é a forma habitual associada ao verbo doar; *dação* vem de dar, e está dicionarizado, mas corre o risco de ser tomado por erro de revisão ou produto da ignorância.

DOIS, DOUS – Outro caso de variação oi-ou.

DRAVIDIANO, DRAVÍDICO – Adjetivo referente ao conjunto de línguas e etnias da Índia meridional.

E

Ebúrneo, Ebóreo – Relativo ao marfim; diz-se do que é alvo como o marfim.

Efeminado, Afeminado – Duas formas da mesma palavra.

Embaixadora, Embaixatriz – *Embaixadora* é a mulher que exerce a função de Embaixador; *Embaixatriz*, a esposa do Embaixador. No passado, os títulos diplomáticos brasileiros eram usados sempre na forma masculina: Embaixador Fulana, Conselheiro Sicrana. Hoje se diz Embaixadora, Conselheira, Secretária. Mas a esposa de um Conselheiro é a "Senhora Conselheiro", a de um Ministro, "Senhora Ministro".

Encrave, Enclave – *Encrave* é a forma portuguesa autêntica que corresponde ao francês *enclave*, absorvido pelo português e usado correntemente.

Enfear, Afear – O sentido é o mesmo, e a primeira forma, mais comum.

Esfomear, Afaimar – Significam "causar fome".

Espeçar, Espessar – Enquanto *espessar* é "tornar espesso"; *espeçar* significa, segundo o Aurélio, "tornar mais comprido (uma peça à qual se junta outra longitudinalmente)". Existe também *especar*, "amparar, escorar".

Espiar, Expiar – O primeiro verbo significa "observar secreta ou furtivamente"; *expiar* é "sofrer, padecer, remir uma culpa".

Espocar, Espoucar – O étimo é o tupi *poka*, do verbo *pog*, "estourar".

Esporte, Desporte, Desporto – No uso habitual, diz-se *esporte*; ao escrever a palavra, na linguagem culta, ocorre uma hesitação, e há quem queira aportuguesá-la como *desporto*. Oficialmente, já tivemos um Ministério da Educação e do Desporto e um Ministério Extraordinário dos Esportes.

Estádio, Estágio – *Estádio* tem dois sentidos: "campo desportivo" e "fase, período". *Estágio* tem só esta segunda acepção, e pode significar, por extensão, "aprendizado", "trabalho provisório, de adaptação, aperfeiçoamento ou especialização".

Estático, Extático – *Estático* vem do grego *stasis*, "parada, falta de movimento", enquanto *extático* tem a ver com êxtase.

Esverdeado, Esverdido – Das duas formas, a primeira é mais comum.

Evicção, Evecção – *Evicção*, segundo o Aurélio, é "a perda, parcial ou total, que sofre o adquirente de uma coisa, em conseqüência da reivindicação judicial promovida pelo verdadeiro dono ou possuidor"; *evecção* é uma irregularidade no movimento lunar.

F - G

Flamar, Flambar – O sentido é o mesmo, e a forma vernácula é a primeira. *Flambar* é francesismo, derivado de *flamber*. Existem também *flamear* e *flamejar*.

Frisão, Frísio – Gentílico de Frísia, a *Friesland*, região litorânea da Holanda (não se trata da Frígia, parte da antiga Anatólia, na atual Turquia).

Futebol, Foot Ball – Já houve quem quisesse substituir esta palavra por balípodo, juntando elementos que significam "bola" e "pés". A palavra está firmemente integrada ao português escrito e falado, não há por que usar *foot ball*.

Galeota, Galeote – Duas variantes da mesma palavra, de origem italiana, que significa "galé pequena". A galé é um tipo de embarcação antiga.

Galo – Além do animal, é sinônimo de "gaulês".

Garça – É a ave conhecida, e também "tecido muito fino" (cf. "esgarçar", que tem o sentido de "desfiar, romper um tecido").

Goal, Gol – É certo que *gol* vem do inglês *goal*, mas não há razão para manter a grafia estrangeira.

Goto – É "glote". O Aurélio registra a acepção de *koto*, o instrumento musical japonês. "Cair no goto" de alguém é "tornar-se agradável", "despertar simpatia".

H

Havano, Havanês – O Aurélio registra as duas formas do gentílico de Havana (não confundir a segunda com *javanês*, gentílico de Java). "Fumar um havano" é saborear um charuto cubano.

Hebraico, Hebreu – A raiz é *'ibri*, "aquele que está do outro lado do rio" (provavelmente o Jordão). Em grego gerou *hebraios*, em latim, *hebraeu*, de onde *hebraico*, que pode ser empregado como adjetivo.

Hesitar – O verbo *hesitar* era aceito e empregado sem qualquer hesitação ou ambigüidade, até que a linguagem da informática adotou, em português, o termo *exit*, "sair (de um programa)" – palavra latina que há séculos tem curso em inglês, em princípio na terminologia teatral (a saída de cena de um ator), mais recentemente entre os usuários e técnicos de computador. Assim, já se encontra *exitar* (aplicar o comando "*exit*"), o que produz calafrios nos rigoristas da língua. Cf. êxito.

HISTÓRIA, ESTÓRIA – Em princípio só havia *história*, com duplo sentido: i) narrativa fictícia; 2) narrativa de fatos reais. Eis que alguns usuários da língua, mais escrupulosos e talvez invejosos do inglês, que tem palavras distintas para os dois significados (*history* - *story*), inventaram *estória*, sem "h". Será um mal criar uma palavra, sobretudo quando o sentido o exige? Certamente não. Afinal, trata-se de processo natural da vida da linguagem, que temos visto de sobejo no esporte e na informática, por exemplo. No entanto, em espanhol e em francês emprega-se a mesma palavra (*historia*, *histoire*) nos dois sentidos. E *estória* não parece ter vingado: este é o critério prático que nos sugere voltar ao uso de uma só grafia: *história*.

I - J

Ímã, Imã – *Ímã*, do francês *aimant*, é o magneto, metal imantado; *imã* (sem acento no "i") provém do árabe *imam*, "chefe, guia".

Inana, Inane – *Inana*, derivado possivelmente do nome de uma ilusionista, entrou na linguagem popular brasileira com o significado de "situação ou acontecimento desagradável, briga, pancadaria"; *inane* vem do latim *inane* e significa "vazio, oco, fútil". Existem também *inânia*, "futilidade" ou "inanição" e *inânias*, no plural, que tem o sentido de "ninharias, bagatelas".

Índio, Indiano, Ameríndio – Ao chegar à América, Colombo esperava encontrar a Índia, e desse equívoco nasceu a denominação de Índias Ocidentais para a região descoberta, e de "índios" para os seus habitantes. Com o tempo, passou-se a distinguir o *índio* americano do *indiano*, da Índia autêntica, a Oriental. Quanto a *ameríndio* ("American indian"), consta que o termo foi sugerido pelo Dr. Charles Scott ao etnólogo norte americano John Wesley Powell (1834-1902). Não se esqueça ainda o termo *índio*, derivado do latim *indium*, que designa um metal. Cf. hindu, que é o adepto do hinduísmo.

Infarto, Enfarto, Enfarte – *Infarto* é a forma correta para designar a necrose cardíaca devido à deficiência de irrigação sangüínea.

Inimigo, Imigo – *Imigo* é uma variante sincopada e obsoleta.

Iraniano, Persa – *Iraniano* é a forma habitual do gentílico de Irã ou Iran. *Persa* refere-se ao mesmo país, mas tem um sabor antiquado, sendo usado preferencialmente em história antiga. Como se sabe, os árabes peninsulares e os iranianos preferem chamar o golfo que os separa de "golfo arábico" e "golfo pérsico", respectivamente. Uma forma neutra é "golfo", muito comum na imprensa escrita.

Isabel – É nome feminino, e também (com inicial minúscula) a designação da cor pardacenta, mal definida, que pode ser a da camurça, o "branco sujo" ou a cor do linho cru. Conta-se que Isabel, a Católica, Rainha de Castela, jurou não trocar de camisa enquanto os mouros não fossem expulsos de Granada. Como Isabel ascendeu ao trono de Castela em 1474, e os mouros só deixaram Granada em 1492, quase vinte anos depois, pode-se bem imaginar a cor da camisa real...

Italiano, Talian – *Italiano* todos sabemos o que é; *talian* é a designação popular do "vêneto brasileiro" – o dialeto italiano falado em certas regiões do

Sul do Brasil, por imigrantes originários de Veneza e seus descendentes (*vide Talian sem mestre*, de Darcy Loss Luzzatto, Porto Alegre, Sagra Luzzatto, 1997).

JACOBÉIA – É o feminino do adjetivo *jacobeu*, que se refere a uma seita religiosa do Século XVIII, em Portugal, e pode significar igualmente "hipócrita"; e também o nome de uma planta.

JAPONÊS, NIPÔNICO – Duas palavras distintas usadas para o referente ao Japão. A segunda deriva da forma japonesa do nome desse país: *Nippon*.

JARRO – É um vaso (há também "jarra") e uma planta.

JOTA – Nome de uma letra e também de uma dança popular espanhola (a palavra original é pronunciada, naturalmente, com o "j" aspirado da língua espanhola).

JUNTAR, AJUNTAR – A primeira forma é mais comum.

L - M

Lagoa, Lago, Alagoa – A palavra latina *lacu* deu origem a essas três variantes. *Lagoa* é um lago pouco extenso.

Laje – Apresenta as variantes *lájea*, *lajem* e *laja*.

Lama – Pode ser: i) lodo, quando deriva do latim *lama*; ii) sacerdote budista tibetano, caso em que provém do tibetano *blama*.

Laço, Lasso – *Lasso* é uma palavra erudita, e significa principalmente "fatigado". Homófono de *laço*, "nó que se desata sem esforço", na clara definição do Aurélio.

Letão, Letoniano – É o gentílico de Letônia, o país báltico, ex-membro da União Soviética.

Libré, Librea, Libréia – É um tipo de uniforme usado pelos criados em uma casa senhorial. A palavra vem do francês *livrée*. As formas *librea* e *libréia* são secundárias.

Lilás, Lilá – É um arbusto, e a cor arroxeada que a ele se associa. A palavra vem do persa *liladj*.

Lírio, Lis – Duas formas divergentes, originárias do latim *lilium* para a mesma flor. Uma curiosidade: o dicionário registra o plural *lises*.

Lugar, Lúgar – Pouco comum, a palavra *lúgar* deriva do inglês *lugger* e designa um antigo navio veleiro, com três mastros.

Luxar – Pode ser: i) praticar ou sofrer luxação; ii) ostentar luxo (uso popular).

Maciço, Massivo – O Aurélio só registra *maciço*, derivado de "massa", mas encontramos por vezes *massivo*, um anglicismo que reflete *massive*.

Maçom, Mação, Maçon – É o membro da maçonaria. A segunda forma é uma tentativa infrutífera de aportuguesar o galicismo, e podemos encontrar também *maçon*, uma homenagem ao étimo francês.

Maestria, Mestria – De *mestre* vem a segunda forma, de sentido igual à primeira.

Magiar, Húngaro – Palavras completamente diversas para designar os habitantes da Hungria e tudo o mais relativo àquele país da Europa central. *Magiar* reflete o nome original húngaro: *Magyarország*.

Malaio, Malásio – *Malaio* diz-se da etnia, do povo e da sua língua, enquanto *malásio* é o gentílico correspondente à Malásia, o país (nome que às vezes se vê grafado, erroneamente, Malaisia). Não confundir com *malaialam*, a língua dravidiana (dravídica) falada em Kerala, no Sul da Índia.

MELHORA, MELHORIA, MELHORAMENTO – Três formas com o mesmo sentido geral, e pequenas variações de uso.

MIITE, MIOSITE – Formas divergentes da mesma síndrome médica: a inflamação de músculos voluntários.

N - O

Napolitano, Naplês – Duas formas do gentílico de Nápoles, a segunda delas antiquada.

Neutral, Neutro – Habitualmente diz-se *neutro*. Suspeita-se que *neutral* seja um anglicismo evitável, ecoando o inglês *neutral*.

Nodo, Nódulo – Pelo significado, as duas palavras se aproximam, mas seu uso é diferenciado. *Nodo* pode ser: para o astrônomo, "ponto de intersecção da eclíptica com a órbita de um planeta"; para o médico, "tumor duro, formado em volta das articulações ósseas" ou "parte mais saliente de certos ossos"; para o físico, "ponto de um sistema, sede de ondas estacionárias, onde a amplitude da vibração é nula" (socorro-me do Aurélio). *Nodo* é também um termo técnico de informática. Já *nódulo*, além de "concentração de substância mineral em torno de um ponto, de um eixo, ou dentro de uma cavidade" (para o mineralogista e o geólogo), é em geral simplesmente um "pequeno nó".

Novela, Romance – *Novela* é a narrativa de ficção, sob forma de romance curto – o que inclui o texto literário escrito além da novela de rádio ou televisão. *Romance* seria a mesma novela (excluídas agora as peças para rádio e televisão), porém mais longa. A verdade é que *novela* (do italiano *novella*) insinuava originalmente o tamanho menor, comparado ao romance; no entanto, a distinção em grande parte se perdeu. Note-se que em inglês *novel* se ajusta comodamente a qualquer narrativa de ficção, longa ou breve (empregando-se também *short novel*).

Nuança, Nuance – A primeira forma corresponde à nacionalização da segunda, que é francesa. Em português autêntico não faltam sinônimos: *matiz*, *tom*, *tonalidade*, *gradação*.

Oasiano, Oásico – Adjetivo relacionado com *oásis*, raramente utilizado. As duas formas estão dicionarizadas, mas nenhuma delas é de uso habitual.

Obcecar, Obcecação, Obsessão – O primeiro, derivado do latim *obcaecare*, significa literalmente "tornar cego", enquanto o último, do latim *obsessio*, "ação de sitiar ou cercar", equivale a "preocupação doentia, mania". Como as duas situações apresentam alguns traços comuns, pode-se dizer, por exemplo: "Seu temperamento obsessivo resulta em parte de uma paixão obcecante".

Odiento, Odioso – Duas palavras derivadas de *ódio*, mas a primeira significa "rancoroso, que guarda ódio", e a segunda, "digno de ódio", "que merece ser odiado".

Oficial, Oficioso – *Oficioso* é o contrário de *oficial*. Tratar um assunto oficiosamente significa tratá-lo informalmente, sem o rigor do procedimento oficial.

Omeleta, Omelete – A origem é *omelette*, palavra francesa que passou para o português literalmente, perdendo apenas um "t". Alguns tentaram avançar mais ainda no processo de nacionalização, criando *omeleta* – que causará espécie a qualquer *garção* ou *garçon* (outro francesismo) de restaurante.

Onça – Pode ser: i) o felino, caso em que provém do italiano *lonza*, e através deste idioma, do latim e do grego; ii) unidade de peso, quando corresponde ao inglês *ounce* e deriva do latim *uncia*.

Ônix, Onixe – São vocábulos distintos. *Ônix* é uma pedra decorativa, variedade de ágata; *onixe* é um termo médico e significa, *apud* Aurélio, "inflamação dolorosa da pele que se manifesta às vezes por escoriações, úlceras ou fístulas nos bordos das unhas dos pés (unha encravada)".

Orlar, Urlar – *Orlar* é "guarnecer com bordas", ou simplesmente limitar. *Urlar*, com o sentido de "gritar", é um galicismo indesejável (cf. *hurler*); melhor dizer "urrar" ou "uivar".

Ouro, Oiro – *Ouro* tem a variante *oiro*, usada em Portugal; da mesma forma, existe *ouropel*, o enfeite de ouro falso – por extensão, a aparência enganosa – com as variantes *oiropel*, em Portugal, e *ouripel*, muito pouco usadas. V. Biscoito.

P

Pacova, Pacová – *Pacova* é uma espécie de banana grande; *pacová*, uma planta medicinal (*Renealmia exaltata*).

Pagoda, Pagode – Encontram-se duas variantes da mesma palavra, derivada do sânscrito *bhagavati*, que designa uma forma de templo oriental. Paralelamente, o termo *pagode* tem no Brasil as acepções de "divertimento, brincadeira, zombaria" ou "roda de samba".

Padejar – Pode ser: i) fabricar pão; ii) trabalhar com pá.

Paleta, Palheta – A *paleta* do pintor é o suporte de madeira, plástico ou louça, dotado de orifício para o polegar, que sustenta as tintas que está usando. A *palheta* do músico é a lâmina usada para produzir o som em alguns instrumentos de sopro, como a clarineta, o saxofone e o oboé. *Palheta* é também a lâmina de madeira, metal ou plástico usada para compor venezianas; e, na linguagem familiar, um chapéu de palha.

Panda – Pode ser: i) um termo de pescaria ("bóia de cortiça") ou ii) uma árvore africana.

Papa – Pode ser: i) o chefe da Igreja Católica Romana; ii) alimento cozido, de consistência pastosa.

Parorquia, Parorquidia – Assim os médicos chamam o deslocamento dos testículos.

Pascal, Pascoal, Pascoar – *Pascal* ou *pascoal* é o adjetivo relativo à Páscoa. Segundo alguns dicionários, *pascoar* significa "festejar a Páscoa". Um verbo que o leitor provavelmente nunca usará, mesmo que comemore todo ano essa festa religiosa.

Pátena, Pátina – *Pátena*, do grego *patane*, é o disco dourado que cobre o cálice destinado a receber a hóstia, durante a missa. *Pátina,* o depósito (em geral, por oxidação) na superfície de um objeto, que denota sua antigüidade.

Pátera, Patera – *Pátera* é uma espécie de taça antiga; *patera* é definida pelo Aurélio como espécie de escápula da qual pendem as braçadeiras das cortinas.

Pelintra, Pilantra – *Pelintra* gerou a variante popular *pilantra*; diz-se que inventada por um humorista radiofônico. Hoje, a segunda é mais comum do que a primeira, que para os rigoristas continua a ser a única correta.

Pena – Entre outros, pode ter os seguinte sentidos: "castigo, punição, penalidade", quando provém do grego *poiné*; ii) "pluma", derivada do latim *penna*;

iii) o ato de penar, palavra originária do celta *penn*, através do latim *pinna*.

Per Capita, Per Caput – Tem o sentido de "por cabeça". A rigor, a segunda forma, pouco usada, é a mais correta, já que *capita* é plural.

Poder, Podere – *Podere* nada tem a ver com o verbo "poder": é uma espécie de antiga túnica sacerdotal, veste talar que descia até os pés.

Pólo, Polo, Pôlo – Na acepção mais comum, a palavra tem acento e significa "eixo em torno do qual alguma coisa gira"; sem acento, é o esporte hípico ou uma forma arcaica de aglutinar a preposição "por" com o artigo definido "o". Existe também *pôlo*, do latim *pullu*, que o Aurélio define assim: "Falcão, açor ou gavião que não chega a ter um ano" (!).

Posse, Possessão – Encontra-se às vezes a segunda palavra usada com o sentido da primeira, mas a rigor *possessão* é: i) sinônimo de "colônia"; ii) o ato de receber e incorporar divindade, demônio ou espírito.

Preferencial – O advérbio correspondente é *preferencialmente*, mas existe também *preferentemente*, com igual sentido. Haverá alguma preferência de emprego entre os dois?

Préstamo, Préstimo – *Préstamo* parece a forma correta, mas surpreendemos a variante com freqüência na linguagem oral e até na escrita: "Quero oferecer meus préstimos". Sugestão: usar *préstamo* e tolerar *préstimo*.

PRISMATÓIDE, PRISMÓIDE – Significa "derivado do prisma", ou "parecido com o prisma".

PRUDENCIAL, PRUDENTE – *Prudente* é o termo habitual. *Prudencial*, pouco usado, seria "referente à prudência". Poder-se-ia assim tentar uma distinção minuciosa, dizendo: "Preciso da tua opinião sobre o aspecto prudencial do caso. Das duas atitudes possíveis, qual a mais prudente?".

Q - R

QUADRO, "QUADRO" – "Quadro" no sentido de funcionário, empregado habilitado ("Nossa empresa tem bons quadros"), é um galicismo ferrenho (cf. *cadre*). Quadro, em português, tem vários sentidos, mas não este.

QUILOSO, QUILOSE – Duas palavras pouco usadas. *Quiloso* é o adjetivo referente a quilo; *quilose* (ou *queilose*, forma menos recomendada), um tipo de lesão dos lábios, relacionada com a carência de riboflavina (componente da vitamina B).

QUISTO – Geralmente é "cavidade fechada onde se acumulam secreções que anormalmente não podem escoar-se" (Aurélio), do grego *kystis*, "bexiga, vesícula". Pode ser também uma derivação arcaica do latim *quaesitu*, *quaestu*, particípio passado de *quaerere*, "procurar", caso em que significa "querido" (cf. "benquisto", "malquisto").

QUITE – Pode ser um derivado do verbo "quitar" ou um "floreio de espada" (do francês *quitte*).

Quizila, Quizília – As duas variantes parecem provir do quimbundo *kijila*, e significam "desavença, rixa".

Rabeca, Rebeca – Os puristas preferem a primeira palavra para designar este instrumento musical, uma modalidade tosca do violino, mas a segunda é mais comum.

Rágada, Ragade – A palavra vem do grego *rhagás*, "fenda", e o significado é o mesmo: "ulceração estreita e alongada".

Ralo, Rala – Do latim *rallu* vem esta palavra, com seus vários significados; no entanto, na acepção de "pouco espesso, pouco denso", ela corresponde a uma dissimilação de *raro*; e no sentido de "estertor", de pouco uso, deriva do francês *râle*.

Ramalhete – *Rama* é o conjunto dos *ramos* de uma árvore; *ramalhete*, a forma habitual, é um diminutivo, preferível ao francesismo *buquê*. Encontra-se também *ramilhete*.

Rapto – Além do substantivo, derivado do latim *raptu*, "roubo", há o adjetivo, pouco usual, que significa "ligeiro, extático, enlevado".

Raquete, Raqueta – Pá usada em alguns jogos, como o tênis. *Raqueta* é a forma aportuguesada, menos habitual.

Raquidiano, Raqueano – A *raquis* é a coluna vertebral; *raquidiano* e *raqueano* (menos usual) são os adjetivos correspondentes.

REAL, RÉGIO, REALENGO – São adjetivos referentes a "rei", o último deles antiquado. Para o carioca, naturalmente, *Realengo* é um topônimo...

REALEZA – Pode referir-se a "realidade" (menos comum) ou a "rei".

RECONTO – Pode ser: i) o ato de recontar, de contar novamente; ii) o "conto da lança (reverso da haste)".

REDAR – Pode ser: i) dar de novo; ii) lançar uma rede; iii) variante de *redrar*, que segundo o Aurélio consiste em "cavar de novo (as vinhas), de leve, para tirar as ervas" (!).

RENGO, RENGUE – Segundo os dicionários, *rengo* ou *rengue* é um tecido transparente usado para bordar, mas *rengo* pode ser também certa doença eqüina.

ROMAICO, ROMENO, RUMENO – *Rumeno* e *romeno* são variantes do gentílico de Romênia ou Rumânia, enquanto *romaico* é o grego moderno; reproduz o grego *rhomaikos*, e sobre essa palavra Antenor Nascentes, no seu *Dicionário Etimológico*, dá a seguinte explicação: "Depois da separação dos dois impérios, ou melhor, depois da queda do império do Ocidente, os bizantinos, desejosos de ligar-se às tradições romanas, guardaram o nome de *Rhomanioi*. Apesar do desuso cada vez maior do latim, eles sempre fizeram questão de se chamar romanos". Em outras palavras: o grego passou a ser a língua comum do império do Oriente, cujos cidadãos, no entanto, se diziam "romanos" (sem o serem).

RUNA – As *runas* são os caracteres da antiga escrita alfabética germânica, mas segundo o Aurélio *runa* pode ser também a seiva do pinheiro.

RUPIA, **R**ÚPIA – Proveniente do sânscrito *rupya*, *rupia* é a unidade monetária da Índia e de outros países da Ásia meridional; enquanto *rúpia*, com acento, é um gênero de plantas semelhantes ao capim.

S

Santigar, Santiguar – É “benzer, persignar-se”.

Saúva, Saúba – Duas formas, a primeira mais comum.

Secante – O significado comum é o geométrico (“reta que intercepta uma curva”) e o trigonométrico (“função inversa do co-seno”), sendo a palavra derivada do latim *secare*, “cortar”. Mas, ecoando um termo italiano, o vocábulo tem igualmente o sentido de “enfadonho, importuno”, e neste caso deriva do latim *siccante*, “que seca”.

Seringa, Siringa – *Seringa* é de uso comum; alguns puristas preferem *siringa*. A origem é o grego *syrigos*, “pequeno canudo”.

Sesta, Cesta – *Sesta*, “descanso depois do almoço”, vem do latim *sexta* (*hora*); já *cesta*, “receptáculo de fibra trançada”, deriva do grego *kiste*, por intermédio do latim *cista*. Cf. sexto e cesto.

Seta – No sentido mais comum, vem do latim *saggita*, mas tem igualmente o sentido (menos comum) de “cerda”, “pêlo longo”, e neste caso deriva do latim *seta*.

Simpática, Simpátrica – Este segundo termo é empregado em botânica para designar uma de várias espécies que, por serem afins, ocupam a mesma área.

Soco – Pode ser uma modalidade de calçado grego e um golpe desferido com o punho cerrado.

Soluço, Saluço – A segunda forma é arcaica.

Súbito, Subitâneo – Duas formas legítimas, mas na linguagem corrente só a primeira é usada.

Surfe, Surf – Não se justifica usar *surf*, repetindo o vocábulo inglês. Adotemos integralmente a palavra, que já se instalou entre nós, dando-lhe a grafia apropriada.

T – U – V - Z

Tábua, Táboa – Há duas variantes, a primeira das quais mais usual no Brasil.

Tailandês, Tai – *Tai* reflete o inglês *thai,* sendo preferível dizer *tailandês*. O gentílico antigo é *siamês* (de Sião).

Talar – Há o adjetivo, que significa "referente ao talão" (parte posterior do pé), e o verbo, pouco usual, que significa "abrir sulcos, valas".

Tâmil, Tamil, Tâmul – É a etnia dravidiana do Sul da Índia, de Sri Lanka e da Malásia, e a língua correspondente. Qual o melhor plural?

Teriaga, Triaga – Duas formas, ambas pouco usuais, derivadas do grego *theriak*, e significando "remédio caseiro".

Tireóide, Tiróide – *Tireóide* vem do grego *thyroeides*, "semelhante a um escudo", que é a forma que tem essa glândula. A palavra simplificou-se, perdendo o "e".

Toda – Além do feminino de "todo", o Aurélio registra o sentido "uma língua dravidiana": trata-se de tribo minúscula do Sul da Índia, cuja língua é a mais aberrante da família dravidiana.

TONTEIRA, TONTURA, TONTICE – As duas primeiras variantes significam primariamente "vertigem"; quanto à terceira, o Aurélio traz a seguinte definição: "Ato, modos ou dito de tonto; tolice".

TRONO – Há o *trono*, sólio onde se sentam os reis, e *trono*, trovão, menos usado.

TURCO – Desde as últimas décadas do século passado, o Brasil recebeu imigrantes árabes, sobretudo da Palestina, do Líbano e da Síria, que viajavam com passaporte turco, já que eram cidadãos da Turquia (Império Otomano). Daí sua designação imprópria de "turcos".

TURFE, TURF – Desnecessário usar a forma inglesa *turf* para a pista de grama, o prado sobre o qual correm os cavalos – por extensão, a corrida hípica.

URINOL, OURINOL – Se aceitamos "urinar" como verbo, por que não *urinol*? Essa peça antiga, em desuso (mas em determinadas circunstâncias ainda insubstituível), continua a ser *ourinol.*

VÔLEI, VOLIBOL, VOLLEY BALL – Temos *vôlei,* termo já perfeitamente integrado no idioma, além de *volibol*, que está dicionarizado; desnecessário, portanto, usar a forma inglesa original.

ZÔO, ZOOLÓGICO – Curiosamente, a forma simplificada inglesa não vingou no Brasil. Gostamos de simplificar as palavras, mas neste caso continuamos a dizer, por extenso, "jardim zoológico".

Algumas indicações bibliográficas

Vários dicionários contemporâneos foram consultados, de várias línguas, sobretudo o Aurélio, em mais de uma edição. As seguintes obras foram também utilizadas, e poderão ter serventia para o leitor curioso:

BATH, Sérgio. *Amici Ingannevoli.* Brasília, ed. particular, 1995.

_______. *Hortus Perfidorum Amicorum: Jardim dos amigos pérfidos.* Brasília, ed. particular, 1995.

_______. *Nomina Gentium: nomes de países, sua origem e significação.* Brasília, Editora UnB, 1997.

GABRIELLI, Aldo. *Nella Foresta del Vocabolario: Etimologie Curiose, Storie di Frasi e di Parole.* Milão, Mondadori, 1978.

GÓIS, Carlos. *Dicionário de galicismos*, 4ª edição. Rio de Janeiro, 1949.

GUÉRIOS, Rosário Farâni Mansur. *Dicionário etimológico de nomes e sobrenomes.* São Paulo, Editora Ave Maria, 1981.

LUZZATTO, Darcy Loss. *Talian sem mestre.* Porto Alegre, Sagra Luzzatto, 1997.

NASCENTES, Antenor. *Dicionário etimológico da língua portuguesa*. Rio de Janeiro, 1932.
SOUTO MAIOR, Mário. *Território da danação: o diabo na cultura popular do Nordeste*. Rio de Janeiro, Livraria São José, 1975.

Formato Fechado
120 x 180 mm

Mancha
85 x 140 mm

Tipologia
Times New Roman corpo 11

Papel
Miolo: Offset Branco 75 g/m^2
Capa: Cartão Triplex 250 g/m^2

Acabamento
Cadernos de 16 pp. costurados e colados – brochura

Tiragem
2.000 exemplares

Impressão
Imprensa Oficial do Estado
Março de 2000